絵本や物語を読んでいて、お話の中に出てきたお料理が「どんな味なのだろう?」「どんなふうに作るのだろう?」と気になったことはありませんか。絵がかいてあれば予想はつくかもしれませんが、味まではわかりませんね。この『物語からうまれたおいしいレシピ』では、物語に出てくる料理を再現しました。お料理の写真を見ているだけでも、「おいしそう」「食べてみたい」とうっとりしてしまいます。いえいえ、見ているだけではもったいない。自分で作れるように作り方もしょうかいしていますので、作ってみてください。自分で作って食べれば、物語の世界も広がるかもしれません。登場人物の気持ちも、ぐっと身近に感じることができるかもしれません。

　「これ食べてみたい」と料理に興味を持った人は、どんな本に出てくる料理なのか、本のしょうかい文を読んでみてください。そして、本を手に取ってみてください。楽しくて、おいしい本に出会えるかもしれませんよ。

金澤磨樹子　東京学芸大学附属世田谷小学校 司書

　小学校では、物語と給食がコラボレーションするおはなし給食という日があります。ある日、「ぐりとぐらのカステラを食べたら絵本を久しぶりにたくさん読みたくなって図書室に行ってきたよ」と、6年生の子がそっと教えてくれました。食べることで本を読むことが楽しみになったのはなぜでしょう? 好きな食べものだったから? おいしかったから? お話と料理がわたしたちに思いがけないことを教えてくれます。

　学校でもおはなし給食の時間は、「食べる時間」がいつもより特別になります。食べる前に物語を知っていると、「お話のような味をしているのかな?」とワクワクする気持ちになり、物語を知らない場合には「この本読んでみたいな」という気持ちになるのです。そして、おはなし給食の日は、いつもよりたくさんの「料理のレシピを教えて!」という声がわたしのもとにとどきます。

　お話の中に出てきた料理を「食べてみたいな」から「作ってみたいな」という気持ちになることをこの本では大切にしました。そして、作った料理をだれかといっしょに食べることもおすすめします。"だれかに"作る料理、"いっしょに"食べる料理は100倍楽しいはずですよ。

今　里衣　東京学芸大学附属世田谷小学校 栄養教諭

物語からうまれた おいしいレシピ

② お話ごはんで世界旅行

［監修］
金澤磨樹子・今 里衣
（東京学芸大学附属世田谷小学校）

ポプラ社

もくじ

2

この本の使い方

この本では、いろいろな物語に出てくるおかしや料理を再現して、その作り方をしょうかいしています。

おうちで作りやすいように、できるだけ手に入りやすい材料で、かんたんな作り方を考えました。料理は、だれでも再現しやすいように変えたり、想像して作ったりしたものもあります。どの物語も、「物語と料理のしょうかいページ」と「作り方のページ」でできています。何がどこに書かれているか、読んでおきましょう。

物語と料理のしょうかいページ

本の題名
物語がのっている本の題名です。

赤毛のアン

マリラとレイチェル夫人のために
**アンが焼いた
まっ白ビスケット**

どんなおはなし?
アンは空想とおしゃべりが大好きな赤毛の少女です。早くに親をなくしたアンはカナダ東部、プリンス・エドワード島にあるマシュウとマリラの兄妹の家「グリン・ゲイブルス」でくらすことになりました。
ぬり薬入りのケーキを焼いたり、黒くそめたつもりのかみが緑になったり、最初はまわりの人がおどろくような失敗ばかり。でも、ダイアナとの友情や"にっくきライバル"のギルバートへのふくざつな気持ちなど、グリン・ゲイブルスでの月日はアンにとってかけがえのない経験になっていきます。

どんな料理?

おしゃべりにやってきたレイチェル夫人とマリラのためにアンが焼いた、ふんわり、まっ白なビスケットです。小言の多いレイチェル夫人も感心するほど、見事なできばえでした。

**司書の
先生から**

赤毛のアン
「赤毛のアン」は、日本では1952年に出版されました。それ以来、いろいろな作家さんがやくし、出版されています。おしばいやアニメにもなっていて、アンは多くの人に愛されてきました。

シリーズ・赤毛のアン1 赤毛のアン
モンゴメリ原作
村岡花子=訳
ポプラ社

35

料理の名前
この本で作る料理です。

**あらすじと
料理の説明**
物語のあらすじや、どんなおかしや料理なのかを説明しています。

料理の写真
しょうかいする料理のできあがりの写真です。それぞれの物語の世界を表現したので、見ているだけでも本の場面が思い出されて、楽しくなるでしょう。

司書の先生から
学校司書の金澤磨樹子先生が、どんなふうに物語に出てくる料理なのかや、本の楽しみ方のポイントを教えてくれます。

本のしょうかい
おかしや料理が出てくる本のじょうほうや表紙をのせています。

4

作り方のページ

○ まず作り方をひと通り読んで、どんな流れでどんな作業をするのか、知っておきましょう。あわてずに進めることができます。
○ 材料と必要なものを用意しておきましょう。材料は、正確にはかることが大切です。はかり方は、下を参考にしましょう。

材料

料理に必要な材料です。分量は、次のような道具ではかります。

mL なら
計量カップ
ではかる

g なら
はかりで
はかる

大さじ・小さじ なら
計量スプーン
ではかる

「大さじ1」は、大さじ1ぱいという意味だよ

用意するもの

料理をする前に、あるかどうかかくにんしておきたいものをのせました。包丁、なべ、スプーン、ラップなど、どこのおうちにもありそうなものは入っていません。

アドバイス

安全のために注意したいことや、上手にできるコツ、見きわめ方などをふき出しで書きました。

じゅんび

料理を始める前に、やっておきたい作業があるときに書かれています。

Point

その料理のせいこうのカギとなるポイントです。しっかり読んで実行しましょう。

『赤毛のアン』
アンが焼いた まっ白ビスケット

材料（4～5こ分）
ホットケーキミックス ──200g
はくりき粉 ──50g
バター ──70g
塩 ──小さじ½
牛乳 ──60mL
好みでジャム、クロテッドクリーム ──適量

用意するもの
あわだて器
ゴムべら
めん棒 茶こし
型（直径5cmくらい）
クッキングシート
アルミホイル

じゅんび ○ホットケーキミックス、はくりき粉を冷ぞう庫へ入れ、冷やしておく

作り方

① 冷ぞう庫から出したバターを1cm角に切る。

② ボウルに冷ぞう庫から出したホットケーキミックスとはくりき粉を入れ、あわだて器でまぜる。塩とバターをまばらに入れる。

③ バター指先でつぶす。生地がサラサラになるまでくり返す。とちゅう、バターがとけてきたら、ボウルごと冷ぞう庫に入れて冷やす。
バターのかたまりがなくなればOK

④ 牛乳を2回にわけて、円をえがくように入れる。粉っぽさがなくなるまでゴムべらでまぜる。

⑤ 生地をまとめてラップにのせ、ラップの形が四角くなるように包む。

⑥ ラップの上からめん棒で、2cmほどのあつさにのばす。オーブンを190度に予熱する。
13×16cmくらいになるよ

⑦ まな板に、はくりき粉（分量外）を茶こしでうすくふりかける。ラップを開き、生地を半分に切る。2まいの生地を重ねる。

⑧ 生地、はくりき粉（分量外）を茶こしでうすくふってから、めん棒で2cmのあつさにのばす。
生地がかたいときはめん棒でおしてからのばすよ

⑨ 型でぬく。生地がつかないように、1回ごとに、型にはくりき粉（分量外）をつけてからぬく。

⑩ クッキングシートをしいた天板に⑨をのせ、190度のオーブンで焼く。5分たった上にアルミホイルをかぶせ、さらに10～15分焼く。好みでジャムやクロテッドクリームをそえる。

Point アルミホイルをかぶせると焼き色がつきにくくなるよ

36 / 37

作り方

写真で手順をしょうかいしています。順番通りに作りましょう。

○ フライパンはフッ素じゅし加工（テフロン）のものを使っています。
○ 電子レンジの加熱時間は600Wの場合の目安です。
○ オーブン、オーブントースター、電子レンジは、機種によって加熱具合に差があります。加熱するときはようすを見ながら時間を調節しましょう。

気をつけよう！
火を使うときの注意

○ ガスコンロやIH、オーブンを使うときは、かならず大人がいるときにしましょう。
○ ガスコンロやIHを使っているときには、そばからはなれないようにしましょう。
○ 火にかけたなべやフライパン、オーブンの天板はとても熱くなっています。直接手でさわってはいけません。

アルプスの少女ハイジ

アルムおんじじまんの
だんろで焼いた
チーズのせパン

どんなおはなし？

　ハイジは早くに両親をなくしても明るく元気に生きる女の子。スイスのアルプスに住む祖父のアルムおんじにあずけられ、山で幸せにくらしていました。ところがとつぜん、ドイツの大都会に連れ去られます。

　ハイジはお金持ちのむすめ、クララと友人になるようにいわれ、少しずつなかよくなっていきます。でも、美しい自然もなくヤギたちもいない町や、しつじのきびしいしつけに、ちょっとずつ元気を失っていくのでした。そんなある日、やしきに「ゆうれいが出る」とのさわぎがあって——。

どんな料理？

　ハイジが山小屋にやってきたその日、アルムおんじが用意した食事です。とろとろにとかしたチーズをたっぷりのせたパン。ハイジは、おじいさんが入れてくれたヤギのミルクといっしょに食べました。

司書の先生から

　このお話は、130年以上も前から世界の国々でほんやくされ、親しまれています。今回とりあげたのは、読みやすく再構成された本です。日本でもさまざまな作家さんがほんやくしていますので、興味を持った人は、ほかの本も読んでみてください。

アルプスの少女ハイジ

J．シュピリ●作
那須田淳●文
pon-marsh●絵
［ポプラ社］

『アルプスの少女ハイジ』
だんろで焼いた
チーズのせパン

材料（2人分）

用意するもの

バゲットなど好みのスライスパン
..........................2〜4まい

A
┌ ピザ用チーズ 70g
├ マヨネーズ..............70g（大さじ6）
└ さとう ....少々

アルミホイル

作り方

1 Aをまぜあわせる。

2 オーブントースターの天板にアルミホイルをしき、パンをのせる。

3 パンに、①を均等にのせる。

4 オーブントースターで7分くらい焼く。オーブンなら、天板にクッキングシートをしき、200度で10分くらい焼く。

5

焼きたては
熱いので、
やけどに気をつけて
食べましょう

チーズがとけてきたら
焼きあがり。残りも同じ
ように焼く。

具をたしてもおいしい!
ベーコン、コーン、チーズパン

ベーコンやコーンがあったら、いっしょに入れてのせてみましょう。ベーコンのコクやコーンのあまみが加わります。「チーズのせパン」の材料に加えて、ベーコン1まい、スイートコーン（かんづめ）大さじ1を用意します。どちらかだけでもおいしくできます。

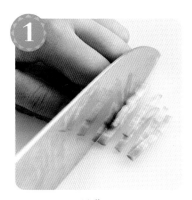

1

ベーコンは細切りにする。

2

ピザ用チーズ、マヨネーズ、さとう、ベーコン、しるけをきったコーンをまぜあわせる。

3

パンにのせて、オーブントースターで7分くらい焼く。

ハリー・ポッターと賢者の石

ハリーたちも大よろこび
魔法学校のとっておき
ローストビーフと
フレンチフライ

どんなおはなし？

11さいの誕生日に、ホグワーツ魔法魔術学校の入学きょかしょうを受けとったハリーは、ロンドンのキングズ・クロス駅 "9と$\frac{3}{4}$番線" から魔法学校へと向かうことに。

着いたその夜、広間にはかんげい会のごちそうがおどろくほどにならびます。両親をなくしたハリーにとって、こんなに満ぷくになったのは初めてのことでした。さまざまな魔法のレッスン、空飛ぶほうきにのって行う球技、生い立ちのひみつ、そして友情……。ハリーの魔法学校での1年が始まります。

どんな料理？

ハリーが新入生かんげい会でみんなと楽しんだメニューのひとつです。ローストビーフはイギリスの国民的料理。食事が終わると、アイスクリーム、アップルパイなど数えきれないほどのデザートが魔法のようにあらわれました。

司書の先生から

世界的なベストセラーとなった本です。「ハリー・ポッター」のシリーズは、7巻あります。子どもだけでなく大人にも人気となり、映画やぶたいにもなっています。じゃあくな魔法使いに立ち向かうハリーたちのかつやくを楽しんでください。

ハリー・ポッターと賢者の石

J.K. ローリング●作
松岡佑子●訳
佐竹美保●絵
[静山社]

魔法学校のとっておき
ローストビーフとフレンチフライ

材料（4〜5人分）

牛ももかたまり肉···· 500〜550g
塩 ························· 小さじ1
黒こしょう ················· 少々
あればローズマリーの葉····1えだ
サラダ油················· 大さじ½

ソース
水 ············· 100mL+大さじ2
コンソメキューブ ············· 1こ
ウスターソース ········· 大さじ1
おろしにんにく ········· 小さじ½
はくりき粉············· 大さじ½

フレンチフライ
じゃがいも ··············· 中2こ
あげ油 ··················· 適量

用意するもの

キッチンペーパー
アルミホイル（40〜50cmを2まい）

作り方

かたまり肉をキッチンペーパーでふいて水気をとる。全体に塩、こしょうをすりこむ。

フライパンにサラダ油を入れて強めの中火にかけ、牛肉を入れて40〜50秒焼く。さらに、となりの面を40〜50秒焼く。これをくり返して全面に焼き色をつける。フライパンはあらわないでおく。

全部の面が焼けたら重ねたアルミホイルにのせ、あればローズマリーをのせて包む。15分ほど室温においておく。その間にオーブンを200度に予熱しておく。

④

Point
肉のあつみで
焼き時間が
変わるよ

200度のオーブンで25分焼く。ただし肉のあつみで焼き時間が変わる。あつさが4cmくらいなら15〜20分、6cmくらいなら30分。

⑤

焼きあがったらタオルなどで包み、室温で20分おいておく。食べる直前に、うすく切る。

⑥

ソースを作る。②のフライパンに水100mLを入れて中火にかけ、ふつふつしてきたらコンソメキューブをくずしながら入れる。

⑦

ウスターソース、おろしにんにくを入れてまぜる。はくりき粉を水大さじ2でといて加え、よくまぜてとろみをつける。

⑧

フレンチフライを作る。じゃがいもは半分に切ってから1cmはばに切り、水にさらしたあと、キッチンペーパーで水気をふきとる。

⑨

小さめのフライパンに底から5mmくらいの高さまで油を入れる。じゃがいもを重ならないように入れて、弱めの中火にかける。1分おきにうら返しながら、表面がカリッとするまであげ焼きにする。

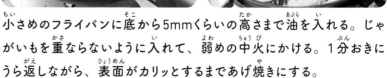

ひみつが知られた夜の
なみだ味の
ポークリブにこみと
ザワークラウト

どんなおはなし？

　おたがいを知らずに育ったふたごの姉妹ルイーゼとロッテ。スイスの林間学校で運命の出会いを果たします。父と母の事情に気づいたふたりは、かみがたと服をとりかえて、ロッテはルイーゼになり父のいるウィーンへ、ルイーゼはロッテになり母の待つミュンヘンへと旅立ちます。

　ふたりを待っていたのは、それぞれの土地での新しい出会いとぼうけんの日々。そんなある日、夕飯のしたくをしているルイーゼの元に、ふたりが入れかわっていることをさとった母が帰ってきて——。

どんな料理？

　ひみつがばれた夜、ルイーゼはお母さんにしがみつきながら大泣き。せっかくのお手せいポークリブ（ほねつき肉）は、泣いている間ににつまってしまいました。つけあわせのザワークラウトは、酸味のあるドイツの伝とう的なつけものです。

司書の先生から

　自分たちがふたごだとは知らなかったロッテとルイーゼは、出会ったときにびっくりしたことでしょう。意気投合したふたりは、別れた両親をなか直りさせるために、ある計画を立てました。ふたりの計画は、うまくいくのでしょうか。

ふたりのロッテ

エーリヒ・ケストナー◉作

池田香代子◉訳

［岩波書店］

『ふたりのロッテ』
なみだ味のポークリブ
にこみとザワークラウト

材料（2人分）

ザワークラウト		ポークリブにこみ	
キャベツ ······ $\frac{1}{4}$ 玉（350〜400g）		スペアリブ（ぶたバラ肉）··· 4本（400g）	
塩 ······ 小さじ $\frac{1}{2}$		塩 ······ 小さじ1	
水 ······ 小さじ1		玉ねぎ ······ 小 $\frac{1}{2}$ こ	
A ┌ キャラウェイ ······ 小さじ $\frac{1}{2}$		サラダ油 ······ 大さじ1	
├ さとう ······ 小さじ1		ザワークラウト ······ できあがりの $\frac{1}{3}$ 量	
└ す ······ 小さじ2		B ┌ 水 ······ 300mL	
		├ 黒つぶこしょう ······ 5つぶ	
		└ ローリエ ······ 1まい	

用意するもの

ポリぶくろ

＊できあがりの $\frac{1}{3}$ は、ポークリブにこみ
に使います。

作り方

1 スペアリブにまんべんなく塩をすり込む。ポリぶくろなどに入れ、1時間〜ひとばん冷ぞう庫でねかせる。

2 ザワークラウトを作る。キャベツは、5mmはばに切る。

3 ボウルにキャベツを入れ、塩と水を入れてまぜ、全体にいきわたるようにまぜる。10分ほどおく。

4 フライパンにAのキャラウェイを入れ、かおりが立つまで中火でいる。

⑤ キャベツをもんでから水気をしぼって、たいねつボウルに入れる。Aを加えてまぜ、ラップをふんわりとかけ、30秒〜1分電子レンジにかけたらザワークラウトの完成。

⑥ ポークリブにこみを作る。玉ねぎをたてに5mmはばに切る。

1つ1つの面を、順番に焼くよ

⑦ 深めのフライパンかなべにサラダ油を熱し、❶のスペアリブを入れる。強火で熱して表面を焼く。焼き目がついたら返して、全部の面を焼く。

⑧ 全部の面を焼いたらスペアリブをわきによせて中火にし、❻の玉ねぎを入れてすきとおるまでいためる。

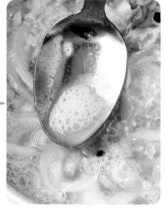

⑨ ザワークラウト$\frac{1}{3}$量とBを加え、ふっとうしたらアクをとって弱火にする。

⑩ ふたをしてこげないようにようすを見ながら45分〜1時間を目安に、肉がやわらかくなるまでにる。とちゅうで水がなくなってきたら水50〜100mL（分量外）をたす。

17

ほうせきみたいなデザート
フィリピンの人たちが
大好きなハロハロ

どんなおはなし？

　新潟で米農家をいとなむ、しょうたの家族はママの生まれたフィリピンのセブ島に行くことになりました。みんなでクリスマスを祝うためです。

　真夏みたいなセブ島では、12月でもキラキラの海で熱帯魚と泳げます。クリスマスイブの夜、教会のミサのあとは家族みんなで食たくを囲みます。ごちそうの中のごちそうは何とぶたの丸焼き！ でも、しょうたはどうしても食べられませんでした。クリスマスのよく朝向かったのはオラゴン島。そこでは「シェアリング」といわれるわかちあいの活動が行われていて——。

どんな料理？

　しょうたたちはにぎやかなセブの町を歩きます。オートバイの乗りあいタクシー、家族を養うために水を売る子ども、そして色あざやかな氷のデザートのハロハロ。どれも初めて見るものばかりです。

司書の
先生から

　セブ島の12月は、日本の真夏のように暑いそうです。あたたかい中でむかえるクリスマス、どんなふうにすごすのか興味がわきますね。しょうたたちは、フィリピンの料理を食べ、日本の料理をふるまい、楽しくすごしたようです。

ぼくのママが生まれた島
セブ フィリピン

大友康夫、
名取知津●作
大友康夫●絵
［福音館書店］

19

『ぼくのママが生まれた島セブ　フィリピン』
フィリピンの人たちが大好きなハロハロ

材料（2人分）

ナタデココ	大さじ2	冷とうコーン	大さじ2
色あざやかなゼリー	小 $\frac{1}{2}$ こ	ココナッツミルク	大さじ6
プリン	小 $\frac{1}{2}$ こ	むらさき色のアイスクリーム	適量
ゆであずき	大さじ4	あればコンデンスミルク	大さじ1
あればタピオカ	大さじ6	コーンフレーク	適量
かき氷用の氷、または 　　市販のカップのかき氷	適量		
冷とうマンゴー	6切れくらい		

＊材料は全部なくてもOK。好きなものや手に入るものだけでもおいしくできます。

用意するもの

かき氷機

じゅんび ▶ ○冷とうマンゴーとコーンは、冷ぞう庫でかいとうしておく

作り方

1

ナタデココはざるに入れ、シロップをきっておく。

2

ゼリーは1.5cm角に、プリンは1cmはばに切る。

3

アイスクリームは冷とう庫に入れておいてね

コーン　プリン　アイスクリーム　マンゴー　ゆであずき　ナタデココ　ゼリー　タピオカ　ココナッツミルク　コーンフレーク　コンデンスミルク

氷やアイスクリームがとけるので、食べる直前に作る。手早く作るために材料を全部そろえておく。

④ グラスの底に、好きな2種類の具材を入れる。ここではゆであずきとタピオカを入れる。

⑤ かき氷機で氷をけずり、④の上に山もりになるまで入れる。スプーンの背でおしながら平らにする。カップのかき氷なら、そのままもりつける。

⑥ ココナッツミルクをかける。

⑦ 残りの具材(アイスクリーム、コンデンスミルク、コーンフレークをのぞく)をグラスのふちにそって、いろどりよくもりつける。

⑧ アイスクリームをスプーンですくい、真ん中にのせる。

⑨ あればコンデンスミルクをかけ、コーンフレークをのせる。

あずきがゆ
ばあさんととら

ぐつぐつにこんで
とびきりおいしい
まよけのあずきがゆ

どんなおはなし？

　ここは韓国の深い深い山おく。外には雪がふり積もっています。「おーん、おーん、どうしよう」。1年で夜がもっとも長い冬至の日、かまどであずきがゆをにながら、あずきがゆばあさんが泣いています。

　そこにくり、すっぽん、うんち、いしうす……ばあさんのおいしいあずきがゆを目当てに、みんなが次々やってきて、泣いている理由をたずねました。何と、大きなトラがばあさんを食べに来るのだとか。それぞれ温かいかゆを1ぱい食べると、家のあちこちにかくれ始めました。

どんな料理？

　あまくにることが多い日本とちがい、韓国のあずきがゆは塩味。韓国では冬至の日に、わざわいをさけて健康と幸せをよびこむよう、あずきがゆを食べる風習があります。おばあさんがにたおいしいあずきがゆを食べた小さくて弱いものたちは、力をあわせて、トラに立ち向かいます。

司書の先生から

　このお話は、韓国の小学校の教科書にものるような有名な昔話です。日本の「さるかに合戦」と似ているお話ですよ。この絵本の絵を担当したペク・ヒナさんの作る人形は、動き出して絵本から飛び出してきそうです。

あずきがゆばあさんととら

ペク・ヒナ◉絵
パク・ユンギュ◉文
かみやにじ◉訳
［偕成社］

『あずきがゆばあさんととら』

まよけの あずきがゆ

材料（2人分）

ゆであずき（あまくないもの）	200g	白玉だんご	
水	200mL+大さじ1	白玉粉	20g
塩	小さじ$\frac{1}{2}$	水	大さじ1
米粉	小さじ$\frac{1}{2}$		

用意するもの

たいねつゴムべら

作り方

1

白玉だんごを作る。白玉粉と水を指先でまぜる。
1〜2分こね、水分がたりないときは、小さじ1〜2
（分量外）の水を少しずつ加えて調整する。

2

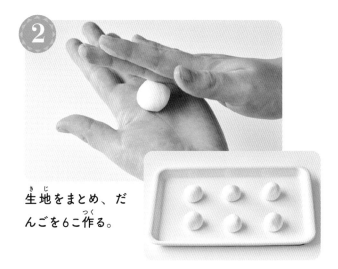

生地をまとめ、だ
んごを6こ作る。

3

なべにゆであずき、水200mL、塩を入れて中火にかけ、こげないようにたいねつゴムべらでま
ぜながら温める。

米粉を水大さじ1でといておく。

あずきがふっとうしたらアクをすくいとる。

白玉だんごを重ならないように入れ、火を少し弱める。

こげやすいので気をつけて！

こげつかないよう、たいねつゴムべらでなべの底をこするようにしてまぜながら2〜3分にる。

白玉だんごに火が通ってういてきたら、❹を回し入れてまぜあわせる。

さらに1〜2分にて、とろみがついたら火を止める。

25

アリババをねらう
とうぞくが飲むはずだった
モロヘイヤたっぷりの
肉のスープ

アラビアンナイト

どんなおはなし?

アラビア*などに伝わる昔話集『アラビアンナイト』から、「アリババと四十人のとうぞく」というペルシア（げんざいのイラン）のお話。

「ひらけ、ゴマ!」、アリババはさけびます。どうくつのとびらがすーっとひらきました。おそるおそる進むと、とうぞくがかくしたたからの山が!

たからのひみつを知ったアリババの兄も、どうくつに入り、むちゅうで金貨を集めました。でもとうぞくに見つかり無残にも殺されてしまいました。そしてとうとう、とうぞくはアリババの家にまでせまってきたのです。

＊アラビアとはアジア大陸南西部にある大きな半島あたりのこと。

どんな料理?

油売りになりすましたとうぞくがアリババの家にやってきます。よく日の朝食のために、めし使いが肉のスープを作っていたところ、ランプの油が切れてしまったことが、油売りの正体をあばくきっかけになりました。

司書の先生から

『アラビアンナイト』は、アラビア・インド・ペルシアなどの民話が集められた物語集です。日本では、「千一夜物語集」「千夜一夜物語」などとよばれ親しまれてきました。「アリババと四十人のとうぞく」など、200をこえるお話があります。

アラビアンナイト

濱野京子●文
篠崎三朗●絵

［ポプラ社］

『アラビアンナイト』

モロヘイヤたっぷりの肉のスープ

材料（2人分）

とりむね肉	60g
モロヘイヤ	20g
サラダ油	小さじ1
おろしにんにく	少々
水	400mL
A ┌ 塩	2～3つまみ
├ コリアンダー	ひとつまみ
└ クミン	ひとつまみ

用意するもの

たいねつゴムべら

作り方

① モロヘイヤの葉を、くきからつみとる。

② ①をまとめて丸め、5mmはばに切る。

とりむね肉を1～2cm角に切る。

なべにサラダ油とおろしにんにくを入れて中火にかける。かおりが出るまでいためる。

こがさないように
いためよう

とりむね肉を入れ、色が変わるまでいためる。

水を入れる。

ふっとうしたら、Aを加えて味をととのえる。

❷を入れる。

ときどきかきまぜながら、とろみが出るまでにる。

29

ジュディーの思い出の味
ぷりぷりえびのグリル とそば粉のパンケーキ

どんなおはなし？

「わたし、大学が大すき。大学へやってくださったおじさまが大すき」。アメリカ東部の大学に通い始めたジュディーは、進学へとみちびいてくれた "あしながおじさん" に手紙をしたためます。会ったこともないのに「作家を目指せ」と言われ、なぜか毎月手紙を書くことになったからです。

それからジュディーは大学生活を生き生きと手紙につづり、うれしいことやつらいこと、かんしゃの気持ち、すべてをおじさんに伝えます。とりわけ、ジャービーぼっちゃんとの出会いはとくべつなできごとで──。

どんな料理？

学生に人気の食堂をおとずれたジュディーが、友人たちと食べたメニューが「ロブスターのグリル」と「そば粉のパンケーキ・メイプルシロップがけ」です。しせつにあずけられて育ったジュディーには初めての味でした。ここではロブスターのかわりにえびをこうばしく焼きあげました。

司書の先生から

100年以上も前に書かれた作品です。映画やテレビアニメにもなりました。今回しょうかいした本は、内容を整理して再編集された本です。多くの作家さんが、ほんやくしていますので、気になった人は、ほかの本も読んでみてください。

あしながおじさん

J．ウェブスター●作
石井睦美●文
あだちなみ●絵
［ポプラ社］

『あしながおじさん』
ぷりぷりえびのグリル
とそば粉のパンケーキ

材料（2人分）

えびのグリル		そば粉のパンケーキ	
えび	大6尾(120g)	A [そば粉	100g
塩、こしょう、ガーリックパウダー	各小さじ$\frac{1}{4}$	ベーキングパウダー	小さじ1
バター	5g	さとう	大さじ2
トレビスまたはレタスなど	2〜3まい	B [たまご	2こ
乾燥パセリ	少々	牛乳	100mL
レモン	くし形切り2こ	ヨーグルト	50g
		サラダ油	大さじ1
		メープルシロップ、バター	各適量

用意するもの

キッチンばさみ
キッチンペーパー
あわだて器

作り方

① えびはキッチンばさみで足を切り落とす。背のからにはさみを入れて、尾のところまで切り目を入れる。

② ①で入れた背の切り目にそって包丁を入れ、おなかを切りはなさないようにして、あつみが半分になるように切る。

③ 背を開き、背わたがあったらキッチンペーパーでふきとる。

④ バットや皿にえびをならべ、塩、こしょう、ガーリックパウダーをふる。

⑤ フライパンを中火で温め、バターを入れてとかし、からを下にしてえびを入れて焼く。

トングで上から
おさえると、から
全体に焼き色が
つくよ

⑥ えびのからの色が赤くなり、全体に焼き色がついたらうら返し、弱火で30秒〜1分焼く。

⑦ 皿にトレビス（レタス）をもり、えびをもりつけパセリをふる。レモンをそえる。

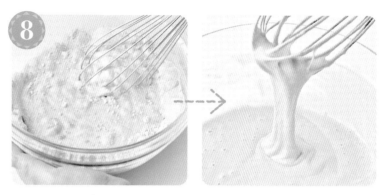

⑧ パンケーキを作る。ボウルにAを入れてまぜあわせる。Bを加え、あわだて器で黄身をつぶしながらなめらかになるまでまぜる。

⑨ キッチンペーパーをたたんでサラダ油にひたす。フライパンにキッチンペーパーでサラダ油をぬり、強めの弱火で温める。おたまで⑧の $\frac{1}{4}$ 〜 $\frac{1}{5}$ 量を上の方から落とすように流し入れる。

Point
あわが
1〜2こ
割れたらすぐ
うら返して

⑩ 表面に出てきたあわが割れ始めたらうら返し、1分ほど火が通るまで焼く。同じように1まいずつキッチンペーパーでフライパンにサラダ油をぬって残りの生地も焼く。バターとメープルシロップをかけて食べる。

赤毛のアン

マリラとレイチェル夫人のために
アンが焼いたまっ白ビスケット

どんなおはなし？

アンは空想とおしゃべりが大好きな赤毛の少女です。早くに親をなくしたアンはカナダ東部、プリンス・エドワード島にあるマシュウとマリラの兄妹の家「グリン・ゲイブルス」でくらすことになりました。

ぬり薬入りのケーキを焼いたり、黒くそめたつもりのかみが緑になったり、最初はまわりの人がおどろくような失敗ばかり。でも、ダイアナとの友情や"にっくきライバル"のギルバートへのふくざつな気持ちなど、グリン・ゲイブルスでの年月はアンにとってかけがえのない経験になっていきます。

どんな料理？

おしゃべりにやってきたレイチェル夫人とマリラのためにアンが焼いた、ふんわり、まっ白なビスケットです。小言の多いレイチェル夫人も感心するほど、見事なできばえでした。

シリーズ・赤毛のアン①
赤毛のアン

司書の
先生から

『赤毛のアン』は、日本では1952年に出版されました。それ以来、いろいろな作家さんがほんやくし、出版されています。おしばいやアニメにもなっていて、アンは多くの人に愛されてきました。

モンゴメリ●原作
村岡花子●訳
［ポプラ社］

赤毛のアン
原作 モンゴメリ 訳 村岡花子

ポプラ社

『赤毛のアン』

アンが焼いた まっ白ビスケット

材料（5〜6こ分）	
ホットケーキミックス	200g
はくりき粉	50g
バター	70g
塩	小さじ$\frac{1}{2}$
牛乳	60mL
好みでジャム、クロテッドクリーム	適量

用意するもの

あわだて器
ゴムべら
めんぼう　茶こし
型（直径5cmくらい）
クッキングシート
アルミホイル

作り方

じゅんび ▶ ○ホットケーキミックス、はくりき粉を冷ぞう庫へ入れ、冷やしておく

①

冷ぞう庫から出したバターを1cm角に切る。

②

ボウルに冷ぞう庫から出したホットケーキミックスとはくりき粉を入れ、あわだて器でまぜる。塩とバターをまばらに入れる。

③
バターの
かたまりが
なくなればOK

バターを指先でつぶす。生地がサラサラになるまでくり返す。とちゅう、バターがとけてきたら、ボウルごと冷ぞう庫に入れて冷やす。

④

牛乳を2回にわけて、円をえがくように入れる。粉っぽさがなくなるまでゴムべらでまぜる。

⑤

生地をまとめてラップにのせ、ラップの形が四角くなるように包む。

⑥

13×16cm
くらいになるよ

ラップの上からめんぼうで、2cmほどのあつさにのばす。オーブンを190度に予熱する。

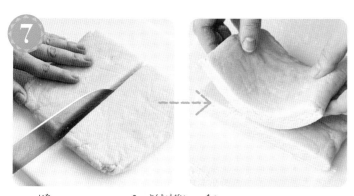

⑦

まな板に、はくりき粉（分量外）を茶こしでうすくふりかける。ラップを開き、生地を半分に切る。2まいの生地を重ねる。

⑧

生地がかたいときは
めんぼうでおしてから
のばすよ

生地に、はくりき粉（分量外）を茶こしでうすくふってから、めんぼうで2cmのあつさにのばす。

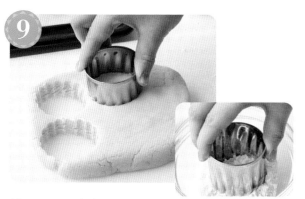

⑨

型でぬく。生地がつかないように、1回ごとに、型にはくりき粉（分量外）をつけてからぬく。

⑩

Point

アルミホイルを
かぶせると
焼き色がつき
にくくなるよ

クッキングシートをしいた天板に⑨をのせ、190度のオーブンで焼く。5分たったら上にアルミホイルをかぶせ、さらに10〜15分焼く。好みでジャムやクロテッドクリームをそえる。

世界の料理

世界にはいろいろな料理があり、それぞれの国やちいきによって使われる食材や味つけがちがいます。

ここでは、代表的な料理をしょうかいします。

ヨーロッパ ## フランス

フランス料理は世界三大料理のひとつ。野菜をにこんだポトフや、そば粉で作ったクレープのようなガレット、マカロンやエクレアなどのスイーツが有名。

ガレット

マカロン

ヨーロッパ ## イタリア

小麦粉やトマトを使った料理が多く、ピッツァやパスタが有名。海がある南の地域では、魚かい類もよく食べられる。

ピッツァ

パスタ

アジア ヨーロッパ ## トルコ

トルコ料理は世界三大料理のひとつ。羊の肉を使った料理が多い。くしに肉と野菜をさして焼いたシシケバブや、ふねのような形をしたトルコ風ピザのピデがよく知られている。

シシケバブ

ピデ

日本

アフリカ ## モロッコ

特ちょう的な形をした「タジンなべ」を使って、野菜や肉をスパイスといっしょにむす、タジンが有名。主食には、パンや世界最小のパスタといわれているクスクスがよく食べられる。

タジン

クスクス

アジア ## インド

たくさんのスパイスを使って作る料理が多い。数種類のカレーと大きなナーンなどが皿にのっているターリーや、スパイスで味つけをした、からいタンドリーチキンなどがある。

タンドリーチキン

ターリー

アジア ## 中国

中国料理は世界三大料理のひとつ。マーボーどうふなどのからい料理や、シューマイなどの点心、かに玉などの魚かい類を使った料理がある。

マーボーどうふ

シューマイ

ロシア

ビーツという赤色の野菜を使って作る、ボルシチなどのにこみ料理が多い。ひき肉や野菜を小麦粉の生地で包んで焼くピロシキは定番のおやつ。

ボルシチ

ピロシキ

北アメリカ

アメリカ

ファストフードはっしょうの国で、ハンバーガーやフライドチキンが有名。アップルパイやブラウニーなどの焼きがしも人気。

ハンバーガー

アップルパイ

北アメリカ

カナダ

メープルシロップの生産量が世界一で、パンケーキやソーセージにかけて食べることが多い。フライドポテトの上に、肉じるを使って作るグレイビーソースとチーズをかけたプーティンも有名。

メープル
パンケーキ

プーティン

北アメリカ

メキシコ

肉と野菜を、トルティーヤ生地で包んで食べるタコスが有名。アボカドで作るクリームソースにトルティーヤチップスをつけて食べるワカモレも人気。

タコス

ワカモレ

南アメリカ

ブラジル

長いくしにブロック肉などをさして焼いた、シュラスコがよく知られている。カカオの生産量が多く、ココアパウダーとコンデンスミルクをまぜて丸めた、ブリガデイロなどのチョコレートがしも人気。

シュラスコ

ブリガデイロ

オセアニア

ニュージーランド

羊の数が人口よりも多く、羊の肉で作るラムチョップなどのラム料理が多くある。あまい生地の中にカラフルなマシュマロが散りばめられたロリーケーキも人気。

ラムチョップ

ロリーケーキ

監修

金澤磨樹子 かなざわ まきこ　東京学芸大学附属世田谷小学校 司書
岩手大学教育学部卒業。小学校教員、三鷹市での小学校図書館の司書を経て現職に。科学読物研究会会員。日本子どもの本研究会会員。学校図書館問題研究会会員。日野おはなしの会会員。共著に『先生と司書が選んだ調べるための本　小学校社会科で活用できる学校図書館コレクション』『りかぼん　授業で使える理科の本』『学校司書おすすめ! 小学校学年別知識読みもの240』(すべて少年写真新聞社)がある。

今　里衣 こん さとえ　東京学芸大学附属世田谷小学校 栄養教諭
日々の子どもたちとの関わりを通して献立作成・食育授業を行う。子どもたちが楽しみながら学べる給食づくりを大切にしている。初任地は東日本大震災後の宮城県。給食に関わり支える人たちのひたむきな姿を目の当たりにし、学校給食の背景を知る。生産者への訪問など「人」とつながることで社会のあり方についても関心を深め、社会デザイン学(修士号)を取得。学校給食の持つ可能性を広げていく。監修に『まかせてね　今日の献立(全3巻)』(汐文社)がある。

レシピ考案……………………今 里衣、ダンノマリコ
料理作成・スタイリング………ダンノマリコ

写真………………………………キッチンミノル
キャラクターイラスト…………オヲツニワ
イラスト………………………ゼリービーンズ
デザイン………………………小沼早苗(Gibbon)
DTP………………………………有限会社ゼスト
校正………………………………齋藤のぞみ
編集………………………………株式会社スリーシーズン(奈田和子、土屋まり子、藤木菜生)

★協力
静山社、岩波書店、福音館書店、Sigongsa Co., Ltd.、偕成社、Shinwon Agency Co.、日本著作権輸出センター

★撮影協力
UTUWA(電話03-6447-0070)、AWABEES(電話03-6434-5635)

物語からうまれたおいしいレシピ

❷ お話ごはんで世界旅行

発行………………………2024年4月　第1刷

監修……………………金澤磨樹子　今　里衣
発行者……………………加藤裕樹
編集………………………小林真理菜
発行所……………………株式会社ポプラ社
　　　　　　　　　　　〒141-8210　東京都品川区西五反田3-5-8
　　　　　　　　　　　JR目黒MARCビル12階
　　　　　　　　　　　ホームページ　www.poplar.co.jp(ポプラ社)
　　　　　　　　　　　kodomottolab.poplar.co.jp(こどもっとラボ)
印刷・製本………………今井印刷株式会社

あそびをもっと、まなびをもっと。
?! こどもっとラボ

ISBN978-4-591-18096-9　N.D.C.596　39p　27cm
© POPLAR Publishing Co., Ltd.2024　Printed in Japan
落丁・乱丁本はお取り替えいたします。ホームページ(www.poplar.co.jp)のお問い合わせ一覧よりご連絡ください。
●本書のコピー、スキャン、デジタル化等の無断複製は著作権法上での例外を除き禁じられています。
●本書を代行業者等の第三者に依頼してスキャンやデジタル化することは、たとえ個人や家庭内での利用であっても著作権法上認められておりません。
P7252002

物語からうまれた おいしいレシピ 全5巻

[監修]

東京学芸大学附属世田谷小学校 司書　金澤 磨樹子

東京学芸大学附属世田谷小学校 栄養教諭　今　里衣

① 日本のお話レストラン

② お話ごはんで世界旅行

③ 魔法のきらきらスイーツ

④ ときめきプレゼントおかし

⑤ わくわくパーティーとほっこりお弁当

小学校中〜高学年向き

N.D.C.596　AB判　オールカラー

各巻39ページ

図書館用特別堅牢製本図書